あなたの中に眠る不思議な力

魂のトリセツ

まさよ 著

魂って、いったい何でしょう?

わたしたち一人ひとりの中にある、
自分を見守り、応援し、助けてくれる存在。
それが魂です。

どんなに苦しいことがあっても、
「もうダメかも…」と思うような状況でも、
胸の奥の魂に意識を向けて「助けて！」と
お願いすると、
魂は、必ず力をくれ、助けてくれます。

迷うことがあったら魂に聞き、
困ったことがあったら魂に相談し、
うれしいことがあったら魂に報告する。
そんなふうに魂との対話を続けていると、
魂からたくさんのパワーと愛を受け取れるようになります。
そして、愛と平和に満ちた人生を送ることができるのです。

この本では、魂と仲良くなり、
魂とともに人生を
歩んでいくための方法を、
紹介していきます。

何が起きても大丈夫。
いつでも幸せ感に満たされて、
安心して生きていける。
そんな、あなたらしい人生を
はじめましょう。

目次

第三章

日常生活の中で魂と仲良くするコツ

第一章

魂のことを知ろう

——魂とその故郷——

魂ってなあに？

人間や動植物などの「命」ある生き物って、つくづく不思議だなあ、と思ったことはありませんか？

だって、ガソリンや電気も使っていないのに、ちゃんと生きていますよね。いったいどうやって動いているんだろう、生きているんだろうって考えると、とても不思議です。

でももし、目には見えないけれども、「魂《たましい》」というものがあって、それがわたしたちを動かしてくれている、生かしてくれているエネルギーなんだと思ったら、その不思議が少しだけ解決するような気がします。

わたしたち人間やほかの動物や植物なども含め、この世の生きとし生けるものに「命」を与えてくれているのが「魂」――わたしはそう思っているのです。

魂と聞くと、「幽霊のこと？」と思う人もいるかもしれませんね。でも、それは大きな誤解です。

この世でだれよりもあなたを愛してくれている、あなたのいちばんの味方、それが魂です。

その証拠に、魂はわたしたちに、命以外にも、とても素晴らしいものをいくつも与えてくれています。

そのひとつが「愛」です。

魂は、あなたのことが大好きなのです。その愛で、あなたのことを生まれたときからずっと包み込んで、あなたを守ってくれています。

わたしたちは人から教えられなくても、いつの間にか自然とだれかを、何かを愛するようになります。このように愛を使いながら人生を歩めるのは、魂が愛を授けてくれているおかげなのです。

そしてもうひとつが「意識」です。

赤ちゃんが生まれてすぐにニコッと笑って両親を認識したり、おなかが空くと泣いて知らせてくれたりするのは、生命としてしっかりと歩んでいけるように、魂が意識を授けてくれているからです。この意識を使いながらわたしたちは、物事を認識したり、感じたり、判断したりしながら、人生を歩んでいきます。

わたしには、大きな光の球体である魂がわたしたちの体を抱っこしているように見えます。

魂はこのようにあなたを包み込み、生きるために必要なものを授けてくれている、あなたの頼もしいガイドなのです。

魂はあなたを包み込む光の球体。生きるために必要なものを授けてくれている頼もしいガイド。

魂の生まれた故郷はどこ？

いったいなぜ魂は、わたしたちに命や意識を授けることができるのでしょうか。こんなに素晴らしいものを与えられるって、すごいことですよね。

その理由は、魂が生まれた故郷にあります。

魂が生まれた故郷、そこは見える世界、見えない世界のすべてを生んだ場所です。その場所のことをわたしは「光の源《みなもと》」や「神さま」と呼んでいます。

神さまと聞くと、まるで仙人のようなおじいちゃんの姿をした、神社にいる存在をイメージされるかもしれませんが、その存在とは違います。

その違いは後ほどご説明しますが、「魂の故郷」である神さまには、姿や形はありません。

命・愛・知恵・意識などのすべてを創造する「大いなる源」です。

神さまの場所であり魂の故郷でもある場所は、わたしたちの肉体のままではたどり着けない場所です。そして見える世界だけで考えようとしても、理解できない場所です。けれど、そういう場所が確かにあるのです。皆さんが想像する〝あの世〟のイメージが近いかもしれません。

ただそこには、長く立派な白いひげをたくわえた仙人のようなおじいちゃんはいません。そういう個体の場所ではないのです。

とっても大きくてまぶしい光を想像してみてください。

その大きな光がわたしの言う「神さま」だと思ってください。

そして、その大きな光の源から、一滴のしずくとなって飛び出したのが、あなたやわたしの魂なのです。

つまりわたしたちの魂とは「神さまの分身」であり、魂には、神さまの記憶がそのまま入っているのです。

このことを神道では、「人は神の分け御霊《みたま》である」と表現します。

ですからあなたも、魂を怖がったりせず、ぜひ安心して仲良くしていただけたらと思います。

わたしたちの魂は、神さまの分身。神さまの記憶が、わたしたちの魂にはそのまま刻まれている。アカシックのようなもの。

すべての魂・命が等しく神さまの分身

わたしたち人間はつい、動物や植物の生命を下に見てしまいますね。でも本当は魂の世界には、優劣や上下関係などはないのです。それぞれに地球上で果たす役割が違っているだけで、命あるものはすべて等しく「神さまの分身」です。

このことを理解してもらうために、わたしはよく納豆を例にします。

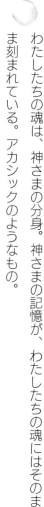

納豆のパックを開けると、大きなかたまりになっていますね。これが、魂が神さまとひとつになった状態です。

そこから一粒一粒の納豆（魂）が分かれていきますが、納豆の場合、それぞれが糸を引き合っています。粒同士もお互いが糸でつながっていますし、大きなかたまりとも糸でつながっています。

それが、神さまと魂の関係を表しているように思えるのです。

すべての粒が大きなかたまりとつながっていて、粒同士もつながり合っている世界です。

わたしたちの魂も同じように、「見えない糸」でつながり合っています。

人間同士もつながっていますし、人間と動物や植物たち命あるものは、すべてつながり合っているのです。だから人間とペットなど、姿かたちは違えども深い愛情の築き合いや、コミュニケーションを成立させることができるのです。

言葉では理解できなくても、魂レベルでは、すべての生命は共振共鳴しているのです。

そして、一部の粒だけがえらくて、ほかは劣っているということは、人間の思考が勝手につくり出したことであり、魂の世界には存在していない関係性なのです。

もしあなたが「わたしはダメな人間だ」と思っていたら、あなたの魂はきっと、とても悲しんでいることでしょう。

「そんなことはないよ、あなたは素晴らしいんだよ。あなたを愛しているよ」

魂は必死になって、そうあなたに伝えています。

もしその魂からの声が、いまのあなたには届いていなかったとしても、本書を読み終えてくださるころには、きっと、あなたの思いも変わってきていることと思います。

魂の世界には優劣や上下関係などはない。すべての命が等しく神さまの分身であり素晴らしい存在である。

わたしが見てきた「魂の故郷」

ここまで読んで、「なぜ、まさよさんはこのようなことが言えるの？」と、不思議に思われた人もいることでしょう。

わたしがこのように魂の世界についてお話しするのは、「魂の故郷」を実際に訪れたことがあるからなのです。ただし、肉体の状態で見てきたのではありません。肉体を離れて、わたしの魂の一部である意識だけの状態で訪れたのです。その体験のことを書いておきましょう。

いまから11年ほど前のことです。椅子に座って目をつぶっていたとき、紫色が現れては消えてを繰り返し、きれいだなと目をつぶりながらも眺めていると、次に小さな虹がたくさん目の前に見えました。

すると突然、今度は自分の胸のあたりから噴水のようにキラキラと光があふれだし、さらに光の柱のようなものが一瞬で胸から飛び出していきました。

次の瞬間、わたしの意識がポーンと体から抜け出ていました。

そして目をつぶっている自分の姿を「あ、わたしだ」と見ながら、気づくと空に浮かんでいました。とても美しい青い空が広がっていて、天使が舞っていました。「天使って本当にいるんだ」と冷静に思いながらも、天使に導かれるまま、さらに先を進みました。

すると宇宙の天井に扉のようなものが見え、声が聞こえてきました。

「おかえり。待っていたよ、よく来たね。わたしはあなたなんですよ」

その声を聞いた瞬間、涙があふれだしました。わたしはこの声を知っている、たまらなく懐かしいと感じたのです。

そしてこの扉の先に「あの世がある、神さまの世界だ」と直感したところで、意識が体に戻りました。

これが最初の意識体験です。そして二度目がありました。

その二度目で再び、神さまの世界を訪れると、今度は「黄金の噴水」にたどり着きました。

噴水では絶えず金色の粒子が循環していて、そこからあふれだしたしずくがどこかに降り注いでいます。どこへ行くのだろう?とその先を追うと、下にはたくさんのコップが並び、そのしずくを一滴一滴、受け止めていました。

そこでわたしは思い出したのです。わたしもこのしずくの一滴だった、ということを。

この黄金の噴水こそが、神さまという源泉であり、一滴のしずくが魂で、カップは体です。ここが魂の故郷で、生まれてくる場所であり、わたしたちがその死後に還《かえ》ってくる場所なのでした。

さらに続きがあります。

光の源泉からあふれたわたし（一滴）は、あるカップに受け止められます。そのカップをのぞくと、まさよさんの一生が見えました。

「へえ、わたしはこの人になるんだ。こんな人生を送るんだ」と納得してカップに飛び込むのですが、その瞬間にすべての記憶は消え去ってしまうのです。記憶を消して生まれてくる理由については、あとで詳しくお伝えしていきますね。

魂はこのように、源泉から分かれて、一人ひとり、ひとつひとつの生命に宿っていきます。そしてじつは、自分がどんな一生を過ごすのかも知っています。そして納得して、体に入っていきます。

ですから、「わたしのような人間は魂から愛されていないはずだ」と思うのは間違いなのです。あなたの魂は、あなたのすべてを知ったうえで、あなたを応援するために一緒にこの世にやってきているのです。

魂は体に宿る際に、その人の人生をあらかじめ知り、納得したうえでその人を応援するためにやってくる。

魂とわたしたちはどこでつながっているの？

わたしたちが魂に守られ、自分の魂だけでなく、ほかの多くの魂たちともつながり合って生きていることが、なんとなくおわかりいただけたでしょうか。

でもまだきっと多くの人は、「いったい体のどこで、見えない魂とわたしたちはつながっているの？」と思っていることでしょう。

先ほどのわたしの意識体験でもお伝えしましたが、魂とわたしたちとの接点は胸にあるとわたしは感じています。もう少し細かくいうと、心臓ではなく、ちょうど胸の中間にある胸腺のあたりです。ここに魂と体の接点があります。

おもしろいことに、日本語には古来、胸を使った慣用句が多くあります。

たとえば、「本当はこういうことをしてはいけない」と思いつつ行動することを、「胸が痛む」と表現します。また、うれしい出来事は「胸が躍《おど》る」と表現しますよね。あなたもきっとこれまでに、胸を痛めたり、胸を躍らせたりしたことがあると思います。

そして「自分の胸に訊《き》いてみる」という言葉があります。

この言葉はまさにいにしえの日本人が、魂とのコミュニケーションの仕方を知っていたから生まれた言葉のようにわたしには思えます。

この言葉のとおり、もし自分で魂を感じてみようと思うときには、胸のあたりに手を当てて、魂にいろいろと訊いてみてほしいのです。

これがいちばんの魂とのコミュニケーション方法です。その実践法に関しては、第三章でお伝えしますね。

ここでは、胸腺のあたりに魂と体の接点があるということを理解しておいてほしいと思います。

わたしが意識体験で体から抜け出たときも、胸のあたりから光の柱のようなものが抜け出ていきましたし、人が亡くなるときも、魂は胸から抜けていきます。

胸腺のあたりは、ヨガでは「ハートチャクラ」と呼ばれる場所にあたります。体の中でも、とくに守らなくてはいけない大事なところにチャクラはあります。ハートチャクラは心臓を守るだけでなく、魂との大切な接点をも守ってくれているのでしょう。

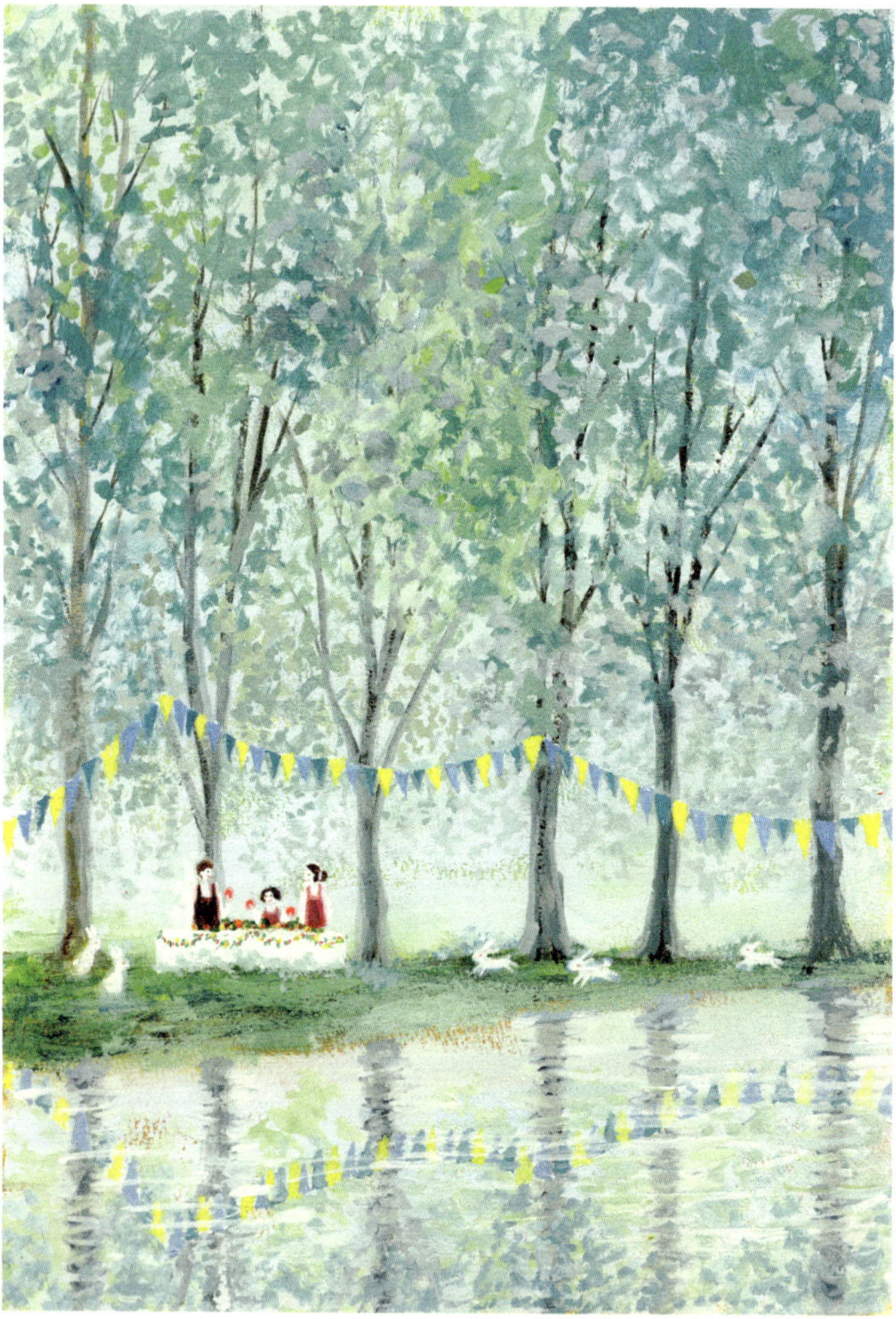

魂からのメッセージは、声としては聞こえません。ですから、魂を感じてみようと思ったら、自分の胸に訊いてみましょう。もし、あなたが何かを選択しようとしている際に嫌な胸騒ぎがしたら、それは魂が「やめたほうがいい」と伝えているのに違いありません。

また、「自分の本当の気持ちがわからない」という人には、わたしはいつも「自分の胸に訊いてみて。あなたはちゃんとわかっていますよ」とお話しします。それは、わたしたちはすっかり忘れてしまっているのですが、あなたと、あなたの人生を知りつくしている魂とが、見えない糸でつながっているからです。

魂と体は胸でつながっている。魂を感じてみようと思ったら、胸のあたりに手を当てて、魂にいろいろと訊いてみる。

魂とのつながりを太くするために

自分の中に魂があると言われてもイメージしにくいですよね。そんなときは、自分の中の奥深いところに、神さまが住んでいるのをイメージしてみてください。そして、いろいろなことを話しかけてみてください。

うれしかったこと、悲しかったこと、頭にきたことや、ついだれかにムカッとしたことなど、わたしは何でも神さまに話しかけています。神さまが何と言うかとかは気にしなくてかまいませんので、一日の最後に、ベッドに横になりながら、リラックスして、その日のことを神さまにお話ししてみてください。

神さまはあなたがお話しするどんな話もただ聞いてくださる、懐《ふところ》の深い存在です。ですからどんな愚痴でもかまいません。あなたの正直な思いを話しかけましょう。できればひとつ、その日にあなたが感動したエピソードも話してあげてください。

「生活の中の小さな喜びに気づいてごらん」

神さまはそう伝えています。

あなたの目の前にあるもの、身のまわりにあることに目を向けてみてください。

「こんなにも幸せなことがいっぱいあふれていますよ」

「あなたはどれだけの幸せ、喜びを見つけられる？」

「探してごらん」

そう神さまは、あなたに言っているのです。

日々の中で紅葉の美しさや星空の美しさに、どれだけ気づけているでしょうか。

今日一日を、精いっぱい、楽しく生きているでしょうか。

「雨粒の中に虹を見つけたよ」

「枯れ葉が舞う様子が芸術的な美しさだよ」

人はすべてに感動できることを見つけられるのです。

わたしたちの身のまわりは、じつは感動であふれています。それは神さまが仕掛けてくださった、宝探しのようなものです。

一枚の葉っぱですら、同じ葉っぱはありません。葉の色はまるでお絵描きしたみたいにカラフルです。小さな喜びに気づけるようになると、そんな葉っぱを眺めているだけで、とてもうれしい気持ちが湧きあがってきます。そんなときわたしは神さまに、こう語りかけます。

「神さま、わたしすごいよ。神さまが仕掛けてくださったものに気づけたよ。ありがとう」

わたしは神さまからの感動のプレゼントに、たくさん気づいてあげたいと思って毎日を過ごしています。感動したり、楽しいな、幸せだな、と思ったり、魂を上手に喜ばせてあげましょう。そうすると、ワクワクして胸が躍るのです。

あなたの胸にあたたかさを感じたら、あなたの魂（神さま）が喜んでいるサインです。

このようにして、日頃から魂（神さま）のことを意識して話しかけていると、魂とつながる糸が太くなります。そうすると、いざというときに、魂からのサポートを受け取りやすくなるのです。ですからぜひ、毎日、神さまに語りかけてください。

自分の中に神さまがいると思って毎日話しかけ、つながる糸を太くしよう。感動したことを伝えれば、神さまが喜んでいるのが感じられるはず。

「神さまが散りばめてくれた小さな喜びに気づく」ワーク

神さまはあなたの魂を喜ばせるために、いたるところにいくつも感動の仕掛けをしています。あなたがその仕掛けに気づくと、あなたと魂、神さまの信頼関係は強くなるのです。

「小さなものを探してごらん。気づいてごらん」

「葉っぱの上のまあるい雨粒が光ってきれいだよ」

「今日咲いた花のいい香りがするよ」

「おもしろい形の雲があるよ」

「二重に虹がかかったよ」

「それは全部、愛だよ」

と、神さまは言っています。世界はこんなにも美しいものに、愛にあふれているると、神さまは教えてくれています。

「そんなもの」と思ってしまえば、そんなものかもしれません。

けれど、そう思うようなことにこそ、神さまはわざと仕掛けをするのです。小さなことに気がつかなくても、それでもいいのです。

つまらないものと思うか感動するかも、わたしたちにゆだねられています。けれど地面の霜を見て「キラキラ光っていてダイヤモンドみたいね」と思えたら、あなたの魂（神さま）を上手に喜ばせられたということです。

魂は7色の光を持っています。虹を見てうれしくなるのは、わたしたちの魂に同じように虹があるからです。

あらゆるものが神さまからの贈り物だと意識して世界を眺めてみるだけで、あなたは小さな仕掛けにたくさん気づくことができるようになります。

一日に、いくつ喜ぶことができるでしょうか。

あなたが小さな喜びを発見できると、今日一日をとても愛おしく生きられるようになります。

そして、神さまとの信頼関係が強くなり、どんな困難をも喜びに変えて生きていけるようになるのです。

第二章
魂との絆を太くする

魂から遠ざかってしまうわたしたち

わたしたちは本来、「魂そのものであり、神さまの分身そのもの」です。

ですが、そのことになかなか気づけないのは、肉体にはほかにも見えざる存在がいるからです。それをわたしは「精神（思考、心）」と呼んでいます。

精神というのは、体を維持するために、頭（脳）がつくり出すものです。生きるために必要ないろいろな欲求もそうですし、さまざまな感情も、精神がつくり出すものです。

魂と精神の違いがわかりにくいという人は、故郷のことを考えてみてください。

魂の故郷は、体を遠く離れた光の源であり、神さまの場所であり、愛と安心だけしかない場所です。一方、精神の故郷は、体（脳）です。

魂が体に入って生命は生まれますが、体に入ってしまうと、わたしたちにとっては魂よりも身近な精神が意識の中心となります。

その理由は、体を維持するためでもありますが、もうひとつあります。魂は体に入るときに、「自分は愛に満たされた光の源から生まれた魂である」ということを、いったん忘れるからです。

忘れる必要があるのは、人生で新たに「愛」を知るためです。それはとても大切な魂の使命です。

精神からの声はとても身近です。体を維持するためですから、何か食べようとか、ああしよう、こうしようとダイレクトに伝わってきます。

そうしているうちにわたしたちは次第に、とても聞き取りやすい精神の声ばかりを聞いて成長します。多くの人は、自分が本来は魂であることを忘れて「自分は精神そのものだ」と思うようになるのです。

これが、わたしたちが魂のことに気づけなくなるいちばんの理由です。

精神は、自分が「神さまの分身である」ということを知りません。わたしたちは愛そのものであり、愛で生きているということを知らないのです。

そのため、人生で困難にぶつかると、「自分はダメな人間だ」と卑下してしまったり、自分以外のだれかや何かに救いを求めようとして、ますます自分の内なる魂と神さまから遠ざかってしまうのです。

わたしたちは、頭（脳）がつくり出す「精神（思考、心）」と、魂を両方兼ね備えている。精神の声ばかりを聞いていると、魂に気づけなくなってしまう。

心と魂はどう違う？

精神が中心のとき、わたしたちは人生において、いろいろな不安を抱えます。なぜかというと、精神には「心」というとても繊細なセンサーがあるからです。

心と魂を同じものと考える人は多いと思いますが、じつはこのふたつはまったくの別物なのです。

心は何かを感じると、笑ったり、怒ったり、泣いたり、喜怒哀楽という形で反応しますよね。心とは、体を中心的に司る精神（思考）の一部であり、エゴも入った状態です。神さまの分身であり、純粋な愛１００％でできている魂とは、違うのです。

この心が一生懸命に働くため、人生で起きるいろいろなことに対して、不安になるのです。

なぜ不安になるのかといえば「先が見えない」からです。たとえば、せっかく愛を存分に使える恋愛をしていても、つい心に不安を抱えるのは「この先、わたしたちはどうなるのだろう？」と先の結果が見えず、ネガティブなことを想像してしまうからです。

わたしも、魂の故郷を訪ねる前は、自分の人生に対して、不安や不満がいっぱいありました。でも、神さまの分身である魂が、常にわたしと一緒にいてくれることを知ってからは、不安はなくなり、怖いものもなくなりました。

それは、「自分でやれることをしたら、あとの結果は神さまにゆだねていい」ということを教えていただいたからです。

どんな結果になっても、それがわたしの最善の道なのだ、と理解できるようになりました。

もし、あなたの心が不安でいっぱいで、不安の声があまりに大きく鳴り響いているとしたら、魂や神さまからの声があなたに届いていない状態になっているのかもしれません。不安にさいなまれたら、「大丈夫。わたしには魂（神さま）という味方がいる」、そう思うようにしてみてください。

魂の故郷は「安心」しかない場所です。そして魂はいつでもあなたの心に「安心してね、大丈夫だよ」と語りかけてくれています。

あなたが自分の魂と神さまの存在を思い出してくだされば、魂も、「ああよかった、やっと気づいてくれた」と安心します。そして喜んで、さらにあなたに愛を送れるようになり、魂とのつながりはますます深まるのです。

あなたがすることはひとつ。魂を信じてあげること、そしてすべての不安を手放すことです。

そうすることで、とても楽に人生を生きていくことができるようになります。

「やるべきことをやったら神さまにゆだねる」という生き方をすれば、すべての不安を手放すことができて、魂とも深くつながれる。

魂と会話をする

何かに怒ってしまったあとで、一人になったときにふと我にかえり、「なんであんなに怒っちゃったんだろう」と思った経験が皆さんにもあるのではないでしょうか。

「なんで怒っちゃったんだろう」と自分に訊いてみると、正直な気持ちが顔をのぞかせます。

その正直な気持ちをどんどん掘り下げていくと、「信じていたのに裏切られたから」「本当はそうじゃないのに、こんな思いを伝えたかったのに」「理解されなくて悲しかったんだ」というように、自分でも気づかなかった、いろいろな思いが湧いてきます。

掘り下げていって自分なりに納得のいく原因を知り、そこに問題があれば修正するという作業をしないと、心は苦しいままになります。

ぜひ、魂に答えを求めるようにして語りかけ、何か苦しいことがあれば解決させるヒントをもらうようにしてください。

このとき、「わたしの魂さん、わたしに教えて」と言葉にして訊いてあげてください。訊いてもすぐに答えが得られないかもしれません。ですが、湧いてきた思いをどんどん掘り下げていくことで、「愛に基づいた神さまからのメッセージ」が受け取れるようになっていくのです。

神さまはいつもあなたに、「安心して生きてごらん」と教えてくれているのです。

訊きたいことを掘り下げていくことで、魂と会話することができる。

「身近な意識」と「遠く深い意識」

わたしたちが目覚めているとき、何気なく日常的に使っている意識のことを、心理学では「顕在意識《けんざいいしき》」と呼んでいます。

意識にはほかにも、「潜在意識《せんざいいしき》」と名づけられている部分があります。

よく氷山にたとえられていますね。海面上に見えている部分が顕在意識で、海の中に沈んでいる大きな部分が潜在意識です。

わたしは顕在意識を「身近な意識」、そして潜在意識を「遠く深い意識」と簡単に表現します。

精神（思考・心）と魂の関係は、まさにこの「近い意識」と「遠い意識」の関係に似ています。

近い意識（顕在意識）を使っているときは、あなたは体の脳で「ああでもない、こうでもない」と一生懸命に考えています。

一方で魂というのは、深いところにあるので、それをすぐに感じ取ることは難しいかもしれませんが、そこにはあなたを輝かせる答えがいつもあります。

遠く深いところにきちんとした答えがあるのに、身近な意識にばかり頼っていては、もったいないのです。

最初は、聞こえなくても、わからなくてもいいので、あなたの奥にある深い意識（魂）に、常に訊いてあげるようにしてください。そうしているうちに、深い意識はどんどん表面に現れてきて、あなたが何かを決めるときにインスピレーションを与えてくれるようになります。

あなたの魂は、あなたに語りかけてもらうことを心待ちにしているのです。

あなたの中にある深い意識は、常に答えを知っている。語りかけることで、その答えをいただけるようになる。

だれでも不思議な力を持っている

超能力、霊能力、透視能力、チャネリング能力、ヒーリング能力など、世の中にはいろいろな不思議な能力の持ち主がいます。

「そんな不思議な力はわたしにはない」と言う人のほとんどが、本当にないのかを試すこともなく、はじめから「ない」と決めてしまっています。「絶対にない」と決めつけてしまうと、脳は「そうだ。ない」と思い込んでしまいます。

一度そう刷り込まれてしまうと、あなたが本来使えるはずの能力は、本当に使えなくなってしまいます。

もちろん、不思議な能力を使うためには、ほんのちょっとしたコツや使い方に慣れる必要があるかもしれません。けれどみんな等しく、不思議な能力の種を持っているのです。

積極的に不思議な力を使っている人たちというのは、その種の力の発芽をただ信じて、大切に水をあげて育て、使えるようにしているだけなのです。不思議な種を育てて使うか、発芽させないままで終わるかも、あなたにゆだねられているのです。魂はみな同じ場所からきている限り、特別な力や能力は、特定の人のものではないのです。

不思議な力はみんなにあるもの。使えるかどうかは、その力を信じるかどうか。

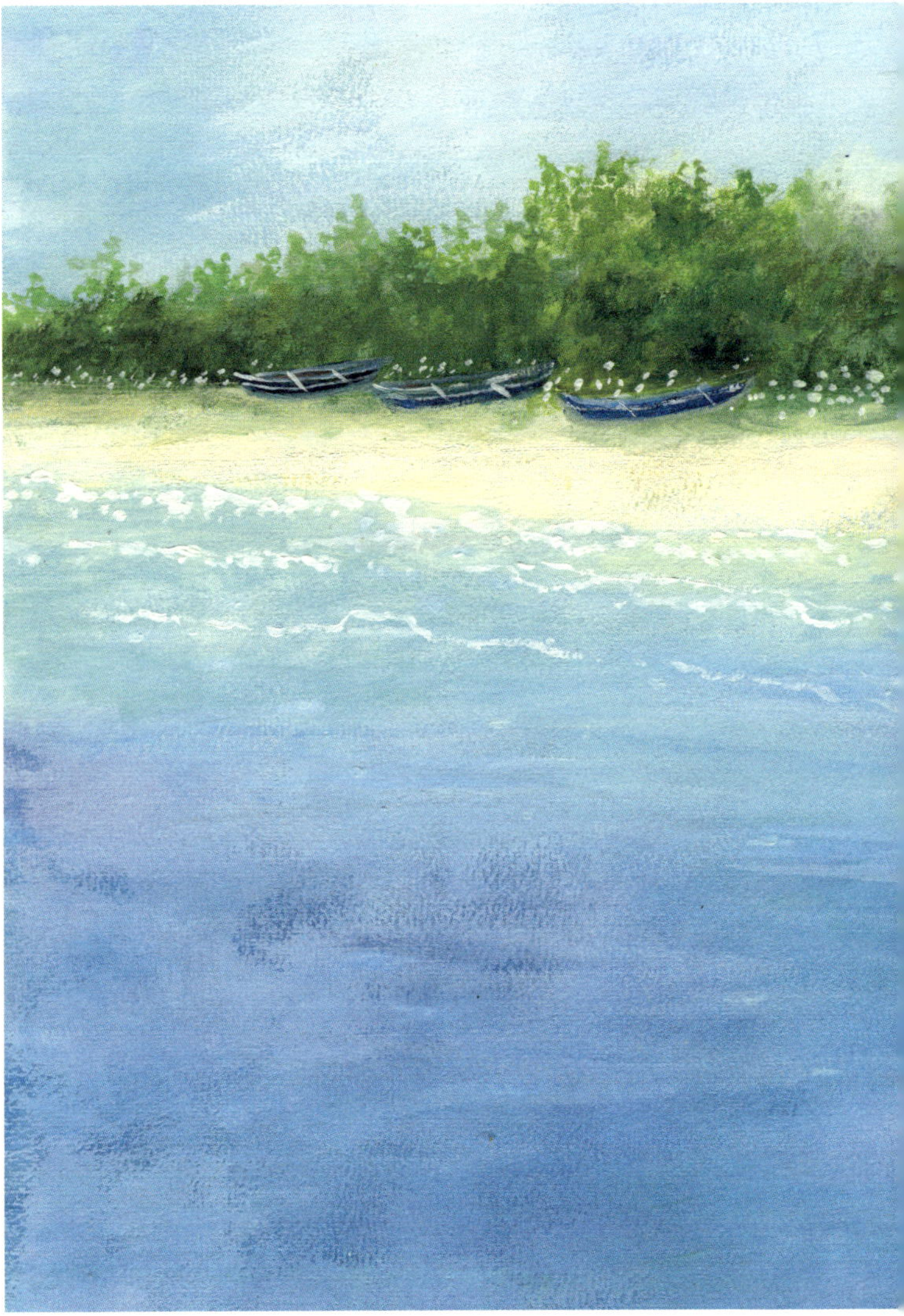

視点を高めて魂とのつながりを深める

顕在意識であり精神（思考・心）である「近い意識」と、潜在意識であり魂である「遠い意識」のバランスをとるために、もうひとつ知っておいてほしいことがあります。

それは、近い意識と遠い意識、精神と魂では、見える高さが違っているということです。

わかりやすくいうと、魂は、「鳥の目」の持ち主です。

わたしが肉体を離れたときもそうでしたが、魂は自由自在ですので、いつでもすぐに高いところから自分を見渡せるのです。その気になればすぐに宇宙へ出て、そこから地球を見下ろすこともできるのです。

ところがわたしたちの精神（思考・心）には、それはできません。体を通して見えるもの、目の前のことがすべてになるので、見える範囲が狭くて低い、いも虫のような「虫の目」になります。

もちろん虫の目にもいいところはありますが、魂のことを理解するためには、あなた自身に「鳥の目」を持たせてあげてほしいのです。

人は高い山のてっぺんに登ると、いままで見えていなかったことが見えてきます。そしていままで感じたことのなかった、不思議なすがすがしい感情が出てきます。

鳥の目になるということは、山よりももっと高いところから見下ろすということ。すると、出てくる答えも違ってきます。

もしもあなたが目の前のことに悩み苦しんでいて、出口が見えないときは、どうか鳥の目になって、あなたを見下ろしてあげてください。そうすると、自ずと答えが出てきます。

魂とは、わたしたちの精神に左右されることのない、揺らぐことのない部分なのです。あなたの視点が高くなると、魂そのもので見ることができます。

魂・神さまの目になったつもりで、物事を高いところから眺めるようにする。

大人になっても無邪気に夢を描く

子どもだったころのことを思い出してみてください。無邪気に夢のようなことを空想して、まるで現実のように思い描いて遊んでいませんでしたか？

わたしたちには本来、限りなく終わりのない想像力があります。

想像力は、素晴らしい現実を創造するための種なのです。

でも、だんだんと成長するにつれて、子どものころのように空想することができなくなります。悲しいことに、望むような現実をつくるための種まきができなくなってしまうのです。

それは成長していくうちに、「空想しても意味がない」と思ってしまったり、「もういい大人なんだから夢を見たらいけない、望んではいけない」「挑戦はいけない」と恐れたりすることで、低い視点でしか世界を見られなくなってしまうからです。

あなたがこのように狭い視野になると、魂も委縮してしまい、キュッと縮こまってしまうのです。

これでは魂が本来持っている自由さが閉じ込められ、あなたを大きな高い視点にしてあげることができなくなります。あなたを楽しませるために、あなたが何をすればいいか、本当の気持ちも見えなくなってしまいます。

魂とつながりながら、大人になっても想像力をふくらませ、無邪気に夢を描いていきましょう。

「わたしは何をやったら楽しく過ごせるのだろう？」「いちばんやりたいことってなあに？」と、魂に訊いてみてください。すぐに答えが思い浮かばなくても大丈夫です。日課のように訊き続けていれば、あなたにとってベストなタイミングと方法で、その答えを知ることができるのです。


大人になっても想像力を生かして無邪気に夢を描くことで、魂からの答えを受け取ることができる。

魂の望みって何？

魂の奥深くに入っていくと、そこには「だれかのお役に立ちたい」という望みがだれの胸にもあります。

これは近い意識（顕在意識）でみると、「自分の存在価値を認めてもらいたい」「自己満足のため」と思われてしまうかもしれませんね。けれどその思いは理屈ではなくて、深い意識（潜在意識）には本当に「人のお役に立ちたい」という無償の思いしかありません。

なぜかというと、わたしたちには故郷にいたときの「みんなひとつ」だった記憶があるので、自分の痛みも人の痛みも同じように感じてしまうからです。

同じ痛みをそっと治してあげたい、傷ついたこともつらい経験も自分のことのように理解してあげたいのです。

だから、「だれかのためにすることが、自分の喜びになる」という思いは、自然で当たり前のことなのです。

多くの人が、仕事をする際のモチベーションとして、だれかを喜ばせたい、だれかのお役に立ちたい、だれかの支えになりたい、という思いを持っていると言います。もちろん近い意識では、生活のため、自分のためとなるのでしょうけれど、そういう人の根底にも必ず、本当に人のためになりたいという思いがあるのです。それはとても自然な魂の使命、皆さんの魂の望みだからなのです。

魂は感謝されたいわけではありません。無償の愛を注ぎたいだけなのです。

ではどうしたら、「だれかの痛みをわかってあげたい」「分かち合いたい」「理解してあげたい」という魂の望みを叶えてあげられるのでしょうか。

まずは、自分が痛かったこと、傷ついたことを、自分で掘り下げてみることからはじめてください。そのとき、何が痛かったのか、何に傷ついたのか、言葉に出せずにのみ込んでしまった自分の本当の思いはどのようなものだったのかを、あなたが理解して知ってあげることが大事です。

そうすると、根っこにある痛みや、傷ついた本質的な思いが鮮明に見えてきます。あ

なたのその思いを抱きかかえてあげて、「よしよし、大変だったね。わかったよ。よくがんばったね」といたわってあげることで、痛みや傷は癒えて、人生のひとつの体験として昇華させてあげることができます。

こうした痛みや傷を本質から癒やすことができてはじめて、だれかの痛みに寄り添ってあげられる。あなたは、だれかの心の包帯となることができるのです。

自分の体験がまだ理解できていなくて、本当はまだ自分の心にギザギザの傷がいっぱいついているのに、それを見ないふりして何かをしようとしても、それはすぐにペシャンコになってしまいます。「どうしてわたしはこんなことをしているんだろう?」と嘆く思いが顔を出してくるのです。

そういうときは、だれかのためではなく、まずは自分のために自分と向き合い、わかってあげることが大切です。これがあなたが望むようになるためのいちばんの近道になります。

もしあなたが悲しい思いや苦しい思いを10回していたら、この10回分の傷つきを自分で癒やしてあげるのです。そうしてあなたが自分を癒やしていると、同じ傷を負っている人がいることに気づきます。あなたが自分の傷口を手当てして治し終えたとき、あなたはだれかの傷も治せる人になっています。
だれかのお手当てよりも、まずは自分のお手当て。傷に絆創膏《ばんそうこう》をペタッと貼ってあげてくださいね。

自分で自分の傷を癒やすことで、「だれかの役に立ちたい」という魂の欲求に応えることができる。

「愛しているよ」ワーク

毎日していただきたい簡単なワークをご紹介します。

魂との信頼関係を深めるワークです。

これはいままで何度もブログや講演会、書籍でお話ししてきました。

自分の名前を呼んで、自分に向かって次のように言うのです。

「○○○、愛しているよ、大好きだよ」

もし、あなたがいまの自分を嫌いで自分の名前を呼ぶことがつらい場合は、こう言いましょう。

「神さま、大好き。愛しているよ」

自分に対して言うのは気恥ずかしさもありますが、神さまに対してなら、素直に言えると思います。

「神さま」「大好き」「愛している」と言葉にすることが大切です。

神さまは、あなたが発した音を聞いてくださっています。そして、神さまを思うと、その思いがあなたに返ってくるのです。
それは、自分に対して「愛しているよ、大好きだよ」と言うのと同じことなのです。

ポイントは子どものように無邪気に言うことです。
難しいことや理屈など何も考えず、ただ言葉を発してください。
「神さま、だーい好き。神さま、愛しているよ」
一日に何回言ってもかまいません。
歩きながら空を見上げて「神さま、大好き」
お風呂に入りながら「神さま、愛している」
無邪気にいつでも何度でも言いましょう。
何度も何度も口にしていると、不思議といつの間にか、自分のことも神さまのことも大好きになります。神さまや魂との絆が強くなりますので、ミラクルで幸運な出来事が増えてきます。

そして気づくと、自分の名前を呼んで「愛しているよ」と、簡単に言えるようになっているのです。

これは、わたし自身も経験があります。

「自分の名前なんか嫌い。わたしなんて大嫌い」

「神さまにも愛されていない」

そう思っていた心がいつの間にか消えていました。

単純だけれど、口にするのは難しいことでもありますね。

そんなばかげたことと思うかもしれませんが、ぜひ、このワークをはじめてください。魂を知る最初の一歩です。

第三章

日常生活の中で魂と仲良くするコツ

魂に話しかける

ここからは日常生活の中で、実際に魂と身近に接していただくためのコツのようなものをお伝えしていきたいと思います。

魂とは、光の源である神さまの一部です。せっかくわたしたちの内側には神さまがいるのに、その神さまとつながらないのはとてももったいないことです。

そこで、毎日一回でもいいのでやっていただきたいのが、魂に「話しかける」ことです。第一章でお伝えしたように、「胸に訊《たず》ねる」のです。

何を訊くかは自由です。

魂は、最も身近なあなたの人生の相談相手です。たとえば、外出する際の洋服を選ぶときに、「今日は何を着たらベストかな?」「ねぇ、何着たい?」と訊いてみるのもいいでしょう。「あなたは今日どんな気分?」と、気軽に訊いてみてください。答えがわからなくても気にしないでください。

また、人生や愛にまつわることや、「自分らしさ」について訊くと、ほかのだれよりも最適なメッセージを伝えてくれるでしょう。とくに訊くことがなければ、語りかけてあげるだけでもいいのです。魂はあなたから語りかけてもらうことを待ち望んでいるのです。

魂からのメッセージは、いろいろな形でやってきます。また、いつメッセージが届くかもさまざまなケースがあるのです。人の数だけパターンがあるので、「これが正解」といったものはありません。

ここではわたしの体験も含め、よくあるパターンを紹介しておきましょう。

「胸」に知らせてくれる

わたしたちの体の真ん中である胸のあたりに、魂との接点があります。そのため、その部分にメッセージがくることがよくあります。

あなたが何かを魂に訊いたとして、「胸のあたりがなんだかポカポカする」といった場合は、魂は「やってごらん」と後押ししてくれています。「なんとなく胸が重苦しい」と感じられるときは、「もうちょっと待ったほうがいい」といったアドバイスであることがよくあります。

ただこうした「胸の感覚」というのは、人それぞれでまったく違いますので、マニュアル化することができません。自分なりの感覚をつかんでほしいのです。

昔から、嫌な胸騒ぎなどは「虫の知らせ」といわれています。

これは、身内や近しい人の意識が魂を通して、あなたに何かしらのSOSを告げる信号を発信した際に、あなたの魂がその信号をキャッチして教えてくれる現象です。

このように魂というのは、他者の魂とも見えない糸でつながっています。多くの人が魂とのコミュニケーションに慣れてくれば、近い将来、わたしたちは自由自在にテレパシーを使っていろいろなものと交信しながら生活することもできるかもしれません。

直感や無意識の中で知らせてくれる

魂に向かって何かを訊いていると、あるときポンとメッセージが意識の中に飛び込んでくることがあります。

発明家の人というのは、「この問題をどうすれば克服できるだろうか」と、天を仰いで問いかけているときがあります。これはある意味、魂に訊いている作業ともいえます。するとある瞬間にひらめきが降りてくるのです。

このように、魂に何かを問いかけていると、直感的にメッセージを受け取れたりします。また、「なんとなくこっちを選んでみよう」といった、無意識な行動でも大正解を引き当てたりすることがあります。

ここでポイントとなるのは、「考えに考えつくさないこと」かもしれません。思考をあまり働かせず、ピンとくるものを選ぶようにすると、魂からの答えであることが多いのです。

シンクロニシティで応えてくれる

「シンクロニシティ」とは、意味のある偶然のことです。たとえば、魂に何かを訊いたあと、本屋さんに行ったとします。そこで気になった本を手にして読んでみると、その中にまるで魂からのメッセージであるかのように、求めていた答えが書かれていたといったことが起こります。この際も、あまり深く考えず、ピンときた本を手にしてみるなど、直感的に行動してみてくださいね。

あるいは、気になった人になんとなく連絡しようと思っていたら、相手から連絡があり、思いもよらずいいヒントをくれたという場合なども、魂が仕掛けてくれたシンクロニシティのサポートです。

自分の魂に気づき、愛情を持ってコミュニケーションをしていると、身のまわりにシンクロニシティがよく起こるようになってきます。

魂は直接、あなたに言葉でメッセージを伝えることができないのを知っているので、シンクロニシティを使ってモノや人を介し、あなたに応えてくれているのです。

もしあなたが毎日、魂に何かを問いかけていれば、きっとあなただけのオリジナルのスタイルが生まれてくるはずです。

「何も応えてくれない」とあきらめず、むしろ応えてくれなくてもいいから聞いてちょうだいねという気持ちで、あなたの魂とコミュニケーションをしてみましょう。

胸に訊いた答えは、「胸で感じる」「直感」「シンクロニシティ」などで受け取れる。

「魂の気持ち」で行動する

魂を使いこなすために、魂から受け取ろうとする以外にもしていただきたいことがあります。

あなた自身が魂そのものですから、「魂の気持ちで行動する」ことがまさに、魂を使いこなすことになります。

そのひとつの方法が「愛を渡すこと」です。

魂の故郷は愛しかない世界です。そのため魂は、あなたに愛を渡し、その愛をあなたがほかの人に、まるでバトンを渡すように手渡してくれることを望んでいます。それは、お金や物をあげなさいということではなくて、あなたのやさしさやあなたの良心を、惜しみなくどんどんだれかに渡してほしいと望んでいるのです。

だれかに「愛を渡すこと」で、あなたは魂の気持ちで行動していることになります。いますぐにできなくてもいいのです。けれど目の前の人に、見返りを求めずやさしくできることを、心のどこかに置いておきましょう。だれかにやさしくすることは、愛を渡すことでもありますが、じつはあなた自身が愛をいただいていることにもなるのです。

あなたのやさしさを、まわりの人に渡していこう。

やさしくさせてもらって、ありがとう

人にやさしくしてもらうと、とてもうれしいですね。わたしは、人からやさしくされてもうれしいけれど、人にやさしくさせていただくほうがもっとうれしいということに、ある日、気づきました。見返りを求めずに、自分のやさしさを人に分けてさしあげることは、魂にとって最高にうれしいことなのです。

エレベーターに乗ろうとしているときに、大きなキャリーバッグを引いている人やベビーカーを押しているお母さんがいらしたら、エレベーターの扉が閉まらないようにボタンを押してあげますよね。降りるときには、大きな荷物やベビーカーを押している人に先に降りてもらって、自分は最後に降ります。

日常でよく見かける場面ですね。このとき、乗り降りをゆずってさしあげている人は、何の見返りも求めていません。それが魂の望みだから行動しているだけです。こういった行為は一見、愛を渡しているように見えますが、じつはその人は愛をいただいているのです。

人にやさしくすると、自分はそれ以上の愛をいただくことになります。このことに気づけると、人は無意識にどんどん人に愛を分け与えようとするようになります。

だれかにやさしくできたときは、「神さま、上手にやさしさを渡せました。わたしもたくさんの愛をいただきました」と、魂と神さまにご報告しましょう。

自己満足のように思えるかもしれませんが、何気ないことでも、人にやさしくすると、魂がじんわりとして、胸がふわーっとあたたかくなります。

わたしはホテルに泊まって、翌朝部屋を出るときに、コードの向きからお風呂場の水滴から全部ふいて、きちんと元に戻します。お掃除する人にとってはあまり関係のないことかもしれません。それでも、何かひとつでもお掃除する手間が省ければいいなと思って、そうしているのです。

そうすることでだれがうれしいのかというと、わたし自身がうれしくなります。

だから、「やさしくしてくださってありがとう」とも思うけれど、「やさしくさせてもらって、ありがとう」と思います。わたしがやさしさと愛をもらっているから。

愛はそもそも見返りを求めません。「こうしてあげたらこうしてくれるかも」とか、「こうしたらこうなるかも」というものではないのです。やさしくされた相手が気づいても気づかなくても関係ありません。

だれかにやさしくすると、そのだれかに愛をあげることになると思うかもしれませんが、それだけではありません。やさしくしたあなた自身が何倍もの愛をもらっているのです。

やさしくしてもらった人だけがうれしいのではないのです。やさしくしてあげた人のほうが、魂（神さま）からの愛をもらっているのです。

だから、自分は愛をもらえていないと感じてしまうとしたら、自分が人にやさしくできていないということです。だれかにやさしくできない人は、神さまがくださる愛を受け取らずにいるのです。

神さまは同じように渡してくださっているのに、受け取らずに苦しんでいるのは、もったいないことだと思います。

小さなことでも、愛をお渡しすると、魂はとてもあたたかくなります。愛を渡すことで魂は振動するのです。その振動は、魂が喜んでいるサインなのです。

「愛を渡す」ことで、魂を喜ばせることができて、自分も幸せになっていく。

「魂は謝罪を求めない」を実践してみる

人にやさしくしたり愛を渡したりすることは、わたしたちにとって、それほど難しいことではありませんね。でも魂の気持ちで行動する際、時に「難しい」と思うこともあります。それが「謝罪を求めない」ということです。

人は精神（思考・心）である近い意識（顕在意識）の発想や考え方に慣れています。

たとえば、ギブ&テイクという考え方が当たり前で、なかにはテイク&テイクだけと考える人もいらっしゃいますね。

しかし魂や神さまの世界はいつでもギブ&ギブ、つまり与えるだけなのです。

相手がどんなにひどい人であっても、愛を与えます。けっしてその人に対して、「謝ってください。そうでないと、わたしの気がおさまりません」とは思わないのです。

これが魂のしくみなのです。

人生では、時に人から傷つけられたり、ひどいことをされたりすることもあります。そんなときにわたしたちは、なかなか相手のことを許すことができず、自分と同じ思いをさせてやりたいと思ってしまいがちです。

「自分はこんなにつらい目にあって苦しい思いをしている。どうして自分だけがこんな思いをしなくちゃならないの？　あの人だってわたしと同じように苦しめばいいのよ」と、だれもが思いますよね。それはいま体を持って生きていますので、当たり前のことかもしれません。

でも仕返しをしてやりたいと思っているのは、近い意識（思考・心）だけです。魂は仕返しを望んでいないのです。

たとえば何か意地悪をされて、相手に謝罪してもらったとしても、そのときはうやむやになったとしても、本当の意味であなたの傷ついた心は、修復されていないのです。だからいつまでたっても、何度も思い出してはまた腹立たしくなってしまいます。

魂が本当に望んでいることは、あなたを傷つけた相手からの謝罪でも、あなたが相手を許すことでもありません。あなたの遠く深い意識（潜在意識）が傷ついたことを、あなた自身が許してあげることを待っているのです。

ですから傷ついたことから解放されるためには、「悲しかったね。よしよし」と自分の近い意識（思考・心）に言ってあげましょう。そうすることで魂は喜び、あなたは傷ついた経験から解放されていくでしょう。

魂は仕返しを望んでいない。相手からの謝罪ではなく、あなたの許しを待っている。

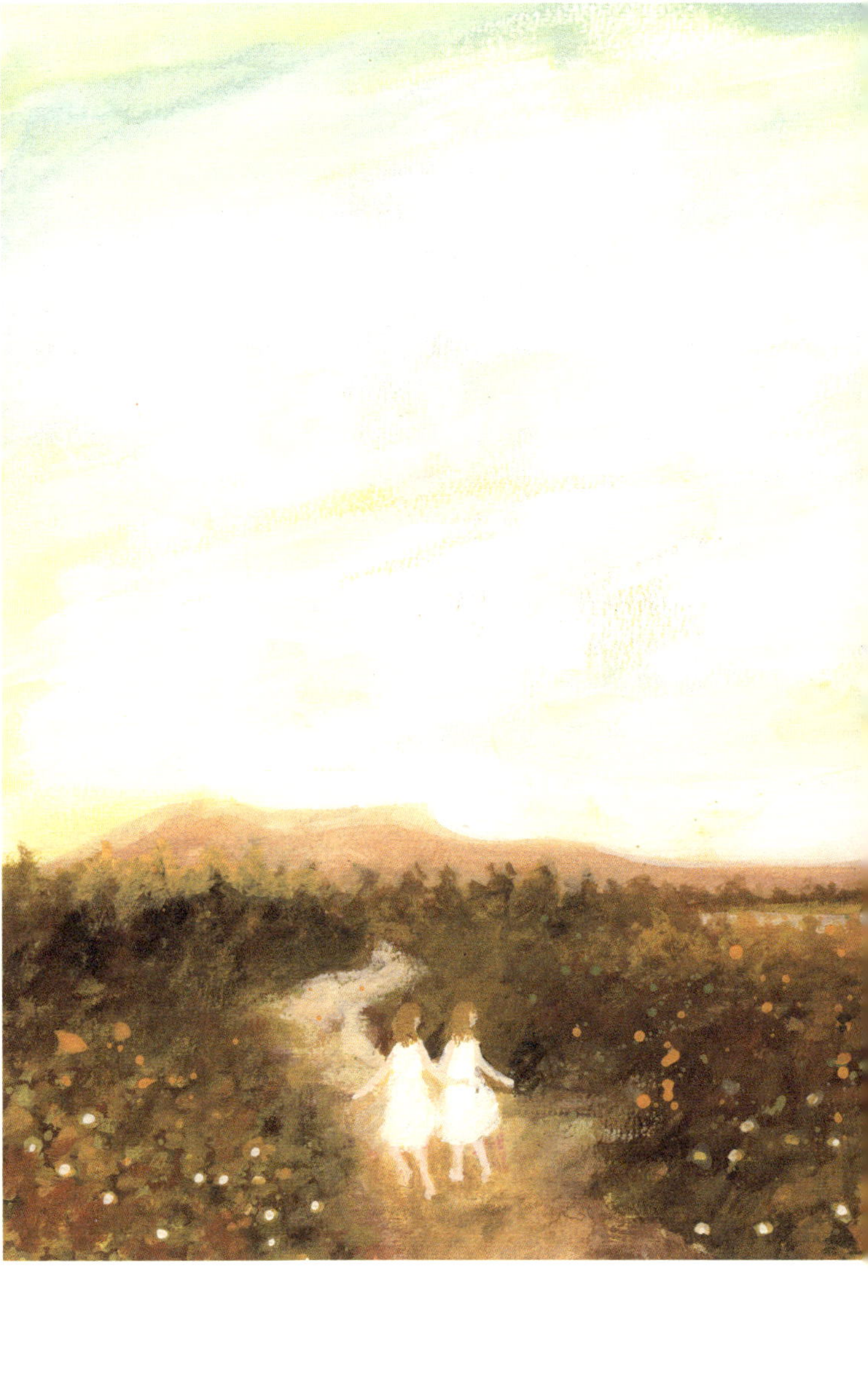

「悩み」を使って魂との絆を強くする

わたしたちの人生には、悩みがつきものですよね。解決しても解決しても、手を替え品を替え、次の悩みがやってきます。

そんなとき「なんでわたしだけこんなにつらいの？」と思ってしまいます。でも、だれもが年をとったり、病気がちになったりするように、みんなに等しく悩みはやってきます。

こうしたとき魂はあなたのそばで、「難なくクリアできるよ」「あなたなら大丈夫、乗り越えてごらん」と応援してくれています。

日頃から、魂とのつながりを持つようにしておくと、あなたの魂への信頼度が高まりますので、不思議なくらいに悩みをどんどんクリアできてしまうようになります。魂はあなたをずっと信頼しています。魂との信頼の絆を固いものにできるかどうかは、「あなたが魂を信頼するかどうか」なのです。

魂との信頼関係とはすなわち、あなたと神さまとの信頼関係です。その絆が固くなれば、もう怖いものなんてありません。

次から次へとやってくる悩みが、悩みとは感じないくらいになって、強靭なあなたになっていきます。

どんなに思いがけない想定外のことが起きても、あわてふためくことがなくなります。何が起きても「神さまがいてくださるので大丈夫」という安心した心持ちで、状況を見ることができてくるのです。

人は強い不安におそわれると、ついつい他人に頼ろうとしてしまいます。

しかし残念ながら、あなたの問題の根本的なことは、あなた自身が自分で解決しないと意味がないのです。自分で解決させて、原因を探ってその元を絶たない限り、同じ苦しみが何度もやってきます。

まずは、自分の魂に悩みを打ち明けていきましょう。そしてどうすればいいのかを訊いていきましょう。

すぐに答えが見えてこなくても大丈夫です。

「魂と神さまにゆだねます」と、おまかせしてしまいましょう。
自分でも驚くほど、悩みが解決していくことに気づくはずです。

魂（神さま）との絆を固くしておくと、悩みは次々と解決できる。

つらいときはがまんせず、魂に「泣き言」を言う

魂や神さまを前にして、いい子でいる必要などありません。

人生では、つまずいて転んだり、泣いたり、悲しんだり、嘆いたりすることがいろいろと起こります。

わたしはそんなとき、遠慮せずに、

「神さま、つらい」

「どうしてこんなことが起こるの？」

と、魂と神さまに向かって泣き言を言います。

「もう自分ではどうにもできない」と思ったら、すべてを神さまにゆだねてしまいます。

すると何が起きると思いますか？　目の前に神さまからのプレゼントがポンッて置かれるのです。

そのプレゼントとは、いろいろな形でやってきます。たとえばわたしの場合、会社を解雇された直後に、相談者が現れたことも大きなプレゼントでした。あなたにもきっと、ピンチのときに思いがけない助っ人やチャンスがやってきた経験があるのではないでしょうか。

時には「こんな奇跡的なことが起こった」といったミラクル体験のプレゼントもありますし、「お気に入りのケーキ屋さんと出会えた」なんていうことも、神さまからのプレゼントだったりします。

それは本当にうれしくて、「神さま、ありがとう」とお礼を言うと、今度は「ほら、笑ってごらん」と神さまは言います。

つらいのにがまんしてつらくないふりをしたり、無理に強がってがんばって生きなくていいのです。

神さまは、すべてをわかっています。「どうして一人で苦しむの？」「どうして一人で悲しむの？」、そう言ってくださいます。だからわたしは全部話して聞いてもらいます。

つらいときは、屋外に出て一人になって、声に出して話しかけます。心の中で思うだけでも届きますが、できれば声に出して言ってみてください。

声に出したほうがいいのは、声は音なので、神さまとあなたの耳で一緒に聞くことができるからです。

神さまをイメージすることが難しいのであれば、呼びかける対象は「宇宙」でも「お星さま」でも「太陽」でも、何でもいいと思います。それを自分の脳裏でイメージできれば、あなたの声はちゃんと神さまに届きます。

神さまは、あなたの悩みを受け取ると、「大丈夫」「笑ってごらん」と言ってくれます。

これは、魂と神さまを信頼しているとだれにでも起きてくることです。「神さま、ありがとう」と思える贈り物が必ずあなたに届きます。

そのことがわかるようになると、「いまはつらくても、絶対に大丈夫」と思えるようになっていきます。

それを繰り返していくうちに、「今度もきっとうまくいく」「次はもっと上手になれる」と、どんどん自信が持てるようになります。

それでもまた、つらいことが起きたなら、また魂と神さまに泣き言を言えばいいのです。

わたしは本当に、こうした繰り返しを何度もやってきました。

そして何度も繰り返していくうちに、「魂と神さまを信頼して、すべてゆだねていれば安心していられる」ということを知りました。

魂と神さまには「泣き言」を言ってもいい。その繰り返しで絆は強まっていく。

魂による「引き寄せ」を活用する

魂や神さまは、あなたのことを絶対に助けてくれます。そしていつも見守っていてくださいます。

助けてほしいときもそうですが、うれしいときにも話しかけましょう。

「神さま、ごほうびをくださってありがとう」「神さま、プレゼントをくださってありがとう」と、うれしいことがあったときにも報告するようにしましょう。

神さまからのプレゼントは、だれにでも届きます。あの人には届くけれど、この人には届かない、ということは起こりません。

なぜなら皆さん等しく、大いなる光の源から分かれてきた同じ魂だからです。

「そうか、そうか、それがあなたの希望するものなんだね」と言って、すべての人の深いところにある、魂からの望みを叶えてくださろうとするのが神さまです。

わたしはかつて、経済的に余裕がないときに、こんなふうに話しかけたことがありました。

「わたしのお財布の中身がゼロになっちゃう。神さま、どうしたらいいの？」

「神さま、もうイヤ。わたしは、いつまでこうしていなきゃならないの？」

でも、仕方がないと思ってあきらめて、また、神さまに言いました。

「神さま、わたしね、もっとたくさんお金をいただける人になるから見ていてね」と。

そうしたら、気がつくとちゃんと暮らせるようになっていたのです。

魂や神さまは、平等にあなたの希望や願いを叶えてくれるのです。


魂との絆が太くなると、あなたの人生にとって必要な人、モノ、体験が自然と引き寄せられてくる。

「祈る」ということ

皆さんは神社でお祈りをしますね。それはきっと、その祈りを神社の神様になんとか聞き届けてほしい、そんな思いがあるからでしょう。

でもひとつ知ってほしいのは、祈りを聞き届けてくれる存在は、神社の神様ばかりではなくて、あなたの内側にもいるということです。

あなたの魂と神さまも、望みを伝えたり祈ったりすると、それを聞き届け、叶えてくださる存在なのです（人間の魂の故郷である光の源の「神さま」と、神社の「神様」を区別するために、ひらがなと漢字で使い分けています）。

自分の魂と神さまにも祈りましょう。

わたしもいろいろなことを内なる神さまに祈り、お願いします。

わたしたちはつい、「自分なんてちっぽけな存在だ」と思いがちですので、自分の内側に神さまがいることに、なかなか馴染めないかもしれません。でも本当は、あなたの中にこそ、素晴らしい神さまがいるのです。そのことを信じて、祈ってみてください。

もし自分のことではなく、だれかのことを案じて祈るのであれば、その相手の人の魂をイメージして祈ってみてください。魂は見えない糸でつながっていますので、相手の魂にもあなたの思いは伝わります。

日々、魂や神さまとつながり、信頼の糸が太くなれば、祈りが聞き届けられていることを実感できるようになります。そして、自分の中に神さまがいることも、「自分の力で人生をうまく歩んでいける」ということも、信じられるようになっていくのです。


あなたの内側にいる神さまに、祈りをささげよう。

「発見」のワーク

魂を喜ばせる簡単なワークをご紹介します。

毎日寝る前に、今日一日の出来事を振り返ってみましょう。

外出した日であれば、どこでだれと会ってどんな話をしたか、あるいはどんな情報に触れ、どんなことを感じたか、思い出してみましょう。

だれとも会っていない場合は、一人で何かをしていて、何かを考えたり、発見したりしたことがあると思います。

とくに、あなたが「これはとてもラッキーだ」と感じた出来事はありませんでしたか？

あなたが日々、体験する出来事、出会う人や情報などの中には、あなたが魂と会話をした際に求めた答えやメッセージが、現れていることがあります。でも、日常の中では忙しさなどから、そのことに気づけないことが多いのです。

そこで、寝る前にその日の出来事や発見を思い出して、その中に神さまからの答えが届いていないか探してみてください。

あなたが神さまからのメッセージに気づいたとき、自然とあなたの魂は感動します。

わたしたちを取り囲むいたるところに、感動の種があります。

感動は、神さまからのギフトなのです。

そして魂は、感動に震えることが、いちばんの仕事です。魂にとって、感動することは最も心地よい瞬間です。

あなたが新たな発見をすれば、神さまは「よく気づけたね、えらいね」とほめてくれます。

そんなふうにわたしたちを励ましてくださいます。

そしてあなたと魂は強い絆で結ばれていきます。

第四章

もっと知りたい、魂のこと

わたしたちの中には魂と神さまが宿っています。とはいっても、日々さまざまなことに心は乱され、感情もなかなか落ち着いてはくれないものですよね。

この章では、よく質問される「人として生きていることで当たり前のように起きる問題への対処法」について、まとめてみました。

なかには、すぐには実践することが難しいアドバイスもあるかもしれませんが、考え方を少しずつでも、なんとか魂や神さまの目線に近づけていくことで、生きるのが楽になることっていろいろとあるのです。ぜひ、ご参考にしていただければと思います。

人をうらやましく思い、ねたんでしまうときは？

自分よりもほかの人の人生のほうがうまくいっている、自分よりも隣の人のほうが多くのものを手にしている……人間は、つい自分と他人を比較してしまうことがあります。そして、その嫉妬の感情は、時に人を苦しめます。

もしもあなたがだれかに嫉妬してしまうときは、少しその心を見つめてみましょう。

あなたは、その人の何に、どこに嫉妬しているのでしょうか？

才能でしょうか？　容姿でしょうか？　幸運にでしょうか？

本当は、あなたも同じものを持っているのです。ほんのわずかな順番の違いで、ほかの人が先に得ただけのことなのです。

魂はあなたにこう語りかけています。

「次はあなたの番がきますよ」と。嫉妬の心は、次の順番を教えてくれる大切な気持ちでもあります。同じものをまったく持っていないのなら、人は嫉妬したりはしないものです。

それでも嫉妬の炎が消せないという場合は、ぜひ、その状態の自分の姿を、魂ごと体から抜け出すようなイメージで、ちょっと離れた上空から客観的に眺めてみましょう。

眼下には、あなたの姿が映っています。嫉妬心に翻弄されて心が苦しいですね。けれど、けっしてこの先もこのままではないことを、あなたは知っています。

そして、魂になったあなたは、もう少し上空に昇って、少し先の未来も見えたとします。そしてその未来で、いまあなたが望んでいるよりも、もっといい最高のものをあなたが手にしている姿を見たら、こう言ってあげたくなるはずです。

「いま嫉妬しなくても大丈夫。次は自分の番がくるから。あせらなくても大丈夫」と。

どうしても乱される心や感情に振りまわされるときは、このように魂ごと体から抜け出すイメージで、自分を客観的に眺めてみましょう。そして自分にアドバイスをしてあげるのです。「もう少しだけ待っていてね」と。

嫉妬の苦しみは、次はあなたにもチャンスがくるというお知らせ。

将来のことを考えると不安になるときは？

先々のことが心配なとき、魂はあなたにこう伝えています。

「先を心配しない人なんていないないのです」と。

もしいま、あなたが先を案じているのなら、その心配を一度、魂にあずけてください。

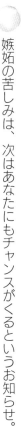

そしてまだあなたの不安が消えないのならば、その不安も魂にあずけてください。

あなたの不安を魂にあずけると、魂はその不安をいずれ安心事にしてあなたに返してくれます。

いままでのことを振り返ってみてください。

いままでどれだけ不安になりましたか？　そしてその不安はどうなっていますか？

10年前、20年前と同じ不安を持っている人ってそんなにいないはずです。

あなたの魂は、不安を安心に変えてくれる存在でもあるのです。

不安なときは、3歳くらいの自分が不安がっているのだと思ってみてください。そして魂であるあなたが、その子に向かってやさしく声をかけてあげましょう。不安がっている子に向かって、「大丈夫、心配しなくてもあなたを守るから」と、神さまになったつもりで伝えてあげてください。


あなたの中に不安があるのなら、魂にゆだねてみてごらんなさい。「神さま、不安をあずけるね」と言葉に出して。

過去に傷ついた自分を癒やし、悲しみを手放す方法

だれにでも、過去に傷ついた、あるいは深い悲しみを経験したことはあるでしょう。その過去を、いまも心の奥で引きずっていたりすると、往々にして生きづらさを感じたりするものです。そうした過去から解放されるためには、日頃から魂と向き合うことが大切です。

思い出せる限りでかまわないので、幼少期までさかのぼります。そして、つらかったこと悲しかったこと、強い怒りや悔しさの記憶、自分の傷ついた分身を置きざりにしていないか探しにいくのです。

いまのあなたは時間とともに成長していますが、傷ついた分身は、その当時のまま、時間が止まったままで存在しています。ですから、なぐさめて拾い上げてあげる必要があるのです。そうすることで、そのとらわれからやっと解放されます。

もし、10歳のときに先生に怒られて、悔しくて泣いている自分の分身が残っていた

ら、「大丈夫だよ。あのとき、本当は自分じゃなかったのに先生に犯人扱いされて。でも、自分じゃないって言えなかったんだよね。わたしはわかっているよ、よしよし」と言ってあげます。

過去の記憶を拾い上げる際に大切なのは、無念の思いや言えなかった言葉を声に出すことです。

「わたしじゃないって言いたかった」とか「何も言えなくて悔しかった」とか、本当の気持ちを言葉にするのです。

魂は、あなたを傷つけた相手からの謝罪は求めてはいません。魂が求めているのは、あなたが内側に抱えた苦しみを外側へ出してあげることです。

すべて声に出してしまえば、魂は「よしよし、もう大丈夫だよ」と、記憶を拾い上げてくれます。

このように、あなたの人生で残してきてしまった重い記憶を拾い上げることを、わたしは一人セラピー、「一人成仏《ひとりじょうぶつ》」と呼んでいます。

過去の自分の記憶、つまり分身たちを拾い上げていくと、どんどんと魂が軽やかになります。魂が軽やかになると、あなたが理想とする人生がやってきます。そして、あなたは運命に翻弄される存在ではなくて、運命を従わせていけるということを、はじめて知ることになるのです。

魂と向き合いながら過去を振り返り、強い怒りや悲しみ、悔しさなど、残した記憶がないか探してみる。もしあれば、すべてを拾い上げて解放してあげること。

子どもの魂と「魂育て」

人は、子どもは親が育てるものだと思っています。子どもが小さいうちは確かにそうでしょう。食べること、着ること、よい環境を与えてあげなければいけませんね。けれど、子どもには自我が芽生えてきます。その自我は、いろいろなことに影響を受けますが、じつは魂が子どもの心を育ててくれている面もあるのです。

そのことを最初にわかる時期が、小学校の高学年かもしれません。そして中学生や高校生になる思春期という時期も、魂は子育てに大きく関わってきます。

このころになると子どもは外の社会を知りはじめて、「親がこれまで自分に与えてきた価値観や考え方ばかりが正解とは限らない」ということに気づきます。こうした子どもに芽生える人生観のようなものには、もちろん、友だちや好きなマンガや本などの影響もありますが、魂から学んでいる部分もあるのです。

おそらく「自分の魂と向き合っている」という自覚がある子どもはほとんどいないで

しょう。けれど子どもがこのように、自分なりの価値観や人生観を持つことがじつは、無意識に魂と向き合っていることであり、魂が育てていること、でもあるのです。

つまり、「食べさせるのは親の役目だけれど、あなたの魂を磨いて育てるのはあなた自身の役目なのですよ」と、魂は人として成長するようにうながしているのです。

子どもは親の思うとおりには育ちません。親は自分の価値観を押しつけることもできません。それは、親と子どもの魂では、いわば指導方針がまったく違っているからなのです。

親と子どもの価値観が違うのは、指導している魂の方針が違うから。

魂同士はつながっている

わたしたちの魂同士は、見えない糸でつながることで「魂ネットワーク」を築いています。このため、わたしたちは自分の魂だけでなく、ほかの人の魂に語りかけることもできます。そして人間だけではなく、動物や植物など、あらゆる生命とコミュニケーションすることができるのです。

このネットワークを人間関係でも使うことができます。

たとえば、あなたがだれかをものすごく怒らせてしまったとします。

そんなときは、相手の「魂」に対して誠心誠意、謝罪してみてください。

すると後日、不思議と何事もなかったかのように、おだやかに収まっていることがあります。

以心伝心という言葉があるように、魂同士は、つながり合っているのです。

魂同士の見えない糸でのつながりを使って、相手の魂に語りかけてみよう。

一人になる時間は神さまからの贈り物

わたしが会社勤めをして働いていたとき、職場には嫌いな上司がいて、意地悪な人もいて、会社に行きたくないと思っていました。ですから休みの日は外に出て、できるだけ一人の時間をつくるようにしました。そうして気づいたことは、一人になって空を眺めたり、目に映る景色を眺めたりしているうちに、自分の心が癒やされ、魂も癒やされるということです。

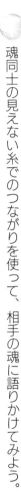

一人でいると、自分ではない声、体の根底にある声、魂の声を受け取りやすくなるということも知りました。それを知ってからは、できるだけ外に出て一人になれる時間を自分のためにつくってあげることにしました。寒い日ならカフェで一人で過ごすことも、自分癒やしの時間になるのです。

一人でいるとき、それは退屈な時間ではありません。あなたが魂や神さまと奥深くつながるための、あなたの練習時間でもあるのです。電車に乗っていて、まわりにだれかがいたとしても、あなたの体の中では、あなたは一人です。そう思うだけで、魂や神さまとつながりやすくなります。

魂と神さまともっと仲良くなるために一人の時間を持とうと、あなたは次第に思いはじめるでしょう。一人の時間を持とうとすることは、無意識に、あなたが魂を感じたいと思っているということです。それが本当の意味で魂との会話になるのです。

一人のときというのは、さみしい時間ではなくて、神さまとつながれる、神さまからの贈り物です。

一人になる時間をつくって、神さまともっとつながろう。

運命は自分の後ろにつくられる

「運命」という言葉にどんなイメージをお持ちでしょうか。

人には、神さまが定めた運命があって、いつ生まれて、どんな家庭に育って、何歳でこの世を去るのかまですべて決まっている。だから人生で起こるさまざまな出来事も、人との出会いや別れもすべて神さまが決めたとおりになってしまう。その運命は自分の力では変えることができないものだと、そんなふうに思っている人もいるかもしれません。

でもわたしは、運命とは、これから起きる未来のことではないと思っています。

わたしはいつも自信がなくて、ずっと神さまに嫌われていると思っていました。「わたしなんかが見えない存在や神さまに愛されているわけがない」とずっと思い続けていたのです。だって、こんなに根性の悪いひねくれた人間はほかにいないと思っていたから。

でもあるとき、「わたしも神さまに愛されていた」と気づかされる出来事があって、「神さまから愛されない人なんて、この世に存在しない」と確信しました。

そして、それからわたしは自分の魂と神さまと対話するようになりました。そのときに神さまから「人生をつくってごらん。あなたがつくった人生を見せてごらん」と伝えられたのです。

運命とは、あなたが歩く後ろにつくられていく道であり、あなたがこれまでの人生でつくってきた道なのです。

未来へ向かう道はといえば、それはあなたが魂と一緒に、これからつくっていくものなのです。

運命で未来は決められていない。運命はあなたが生きる人生の後ろにつくられていく。

「人生山あり谷あり」は幻想

わたしたちが不安になりやすいのは、人生には山あり谷ありの険しい道のりが待っている、と信じているからです。

わたしたちには間違ったいくつもの思い込みがありますが、「人生山あり谷あり」もそのひとつです。魂とつながって、自分自身が魂そのものとなって生きる選択をすれば、山あり谷ありに見える人生は一転して、愛と喜びにあふれた平たんな道になります。

それでも時々、大きな山（困難やチャレンジ）に遭遇することもあるでしょう。

そのときに大切なのが、魂とのつながりの強さです。これは、わたしたちが日々、魂とつながることでどんどんパワーアップされます。ですから毎日、魂とつながることを心がけてくださいね。

そうすれば富士山のような山が目の前にそびえていても、楽々と乗り越えられます。そこまでいけば、もはや山のとらえ方が変わってきます。人生に少し変化を与えてくれる、楽しめるアトラクションのようにさえ思えてきます。

そして、必ず乗り越えられることがわかっていますので、少しヒヤヒヤしながらも、その感覚を不安に思うのではなく、「人生に刺激を与えてくれているんだ」と、感謝の気持ちで乗り越えていけるのです。

何か起こったとしても、ジタバタしたりオロオロしたりすることはなくなります。魂と神さまから「あなたはそれができるよ」と励まされているのです。何かに挑戦するチャンスが訪れたときも、「どうしよう、失敗したら嫌だな」なんて考えなくなります。挑戦すべきでない道など、魂や神さまは人生に与えないことを知っているからです。

神さまはこう言います。

「人生における山は、あなたがつくり出した幻想なんだよ。山なんてはじめからないんだよ。山の麓にはお花がたくさん咲いていてね。あなたはそれを見ていなさい。どれほどお花がきれいか。どれほどたくさん咲いているか。それがどんなに心地よい場所か。その心地よいことのほうが、とっても大切なのだよ。そこに気づいてごらん」

もし、思いどおりの結果にならなくても、安心してください。長い目で見たらきっと、「あのときチャレンジしておいてよかった」と思えるはずです。

「人生山あり谷あり」は思い込み。失敗を恐れずに挑戦しよう。

「朝日」のワーク

太陽と一緒に行う、とてもシンプルなワークをご紹介します。

朝日が昇る時刻や夕日が沈む時刻に、空の色や雲の色が変わる光景を見つめます。

わたしは毎朝4時すぎに起きて、広大な空を眺められるように、犬を連れて、視界が開ける空き地へ向かいます。

季節にもよりますが、5時すぎぐらいから空が白みはじめます。

空は、自然がつくり出す影絵のようになります。そして空一面が次第に羽衣色に染まっていきます。

空の色も雲の形も刻々と変化していき、彩りが変化していくさまは、息をのむ美しさです。

それは、神さまがわたしたちに見せてくださる、わずか数分間の天体ショーです。

朝日が昇る瞬間を見つめているときは至福の時間です。

夕暮れ時に空を染めあげる夕日の彩りもまた、えも言われぬ美しさです。

月が輝きだす瞬間も、星がまばたく瞬間もあります。

同じような空はいつもありますが、同じ空は二度と見られません。

最近は、低い山ですが登山をしています。頂上を目指して登るのは本当にきついのですが、一気に広がる下界を目にした瞬間、その景色を見たことですべて満足に変わります。

「神さま、ありがとう」

「神さま、こんなに素敵な景色を見せてくださってありがとう」

あなたが神さまが見せてくださる素晴らしいショーに喜ぶと、あなたの魂も喜びます。

第五章
気になる疑問にお答えします
Q&A

Q 「魂」をひと言で説明すると？

自分の子どもに「魂ってなあに？」と聞かれたときに、ひと言で説明するとしたら、何と教えるといいのでしょうか。

A 「魂って、神さまの記憶を持ったもう一人の自分のことよ」と教えてあげてほしいと思います。

日頃、皆さんは自分の意識をごく自然に使っています。これは近い意識（顕在意識）が認識する自分です。多くの場合、この「わたし」が中心になって活動していて、自分の行動や感情を操っています。

ですが、皆さんの奥にある深い意識（潜在意識）に本当の「わたし」がいます。その「わたし」は、人間が生まれ育っていく中で体験を通してつくった心ではなく、とても純粋な神さまの心を持っています。そして、人間の体に入る前にいた故郷（光の源）の記憶を持っています。それが魂であり、なかなか気づけないけれど、確かにわたしたちの奥深くに存在する、もう一人の「わたし」なのです。

Q「魂を磨く」ことは必要なの？

「御霊《みたま》磨き」という言葉を聞いたことがあります。魂を磨くにはどうすればいいのでしょうか。

A

わたしは、毎日を生きることがそのまま「御霊磨き」だと思います。

「御霊磨き」という言葉には、なにか鍛錬しなければいけないようなイメージがありますが、喜びや悲しみに直面したとき、あなたがあなたの魂を、上手になぐさめたりほめたりしてあげることが、魂磨き＝「御霊磨き」なのです。

いい人になろうとか、崇高な人間になろうとか、菩薩のようになろうとする必要はなくて、あなたの魂はいつでもクリアでピカピカでピュアなものだと思ってください。

Q 魂からの声をうまく受け取るには？

うまく魂に訊《き》くことができません。問いかけても何も答えが返ってこないように感じます。

A

まず、魂からの返事が「返ってこない」と思っている人は、耳に声が届くと思っているのかもしれませんね。けれど耳に声は届きません。魂からの返事をすぐにもらおうとしなくてもいいのです。気づいたら返事をいただいていたことって、たくさんあります。

じつは魂はあなたの問いかけに対して、あの手この手で一生懸命に答えを返してくれています。

返事が「返ってこない」のではなくて、いつだって「返事をくれている」と、まずはそう思っていただくことが、自分の魂と仲良くなるきっかけになります。

Q 魂の格が下がることはあるの？

「怒ったりすると魂の格が下がる」と聞いたことがあるのですが、魂は格が下がったり曇ったりするのでしょうか。

A わたしたちは、職業でも年齢でもそうですが、自分とだれかを比べて、格上だとか格下だとか思ってしまいます。じつは神道や仏教の中でも神様や仏様の格付けがされております。

けれど、もともと神様にも仏様にも格はなくて、本当は人にも魂にも格はないのです。格とは人がつくり出した位置付けです。魂は、どんなときでも、美しく輝く存在です。もしも曇っていると感じているのであれば、それは魂ではなく、あなたの心の迷いや揺らぎが、魂の光を見えなくしてしまっているのです。

Q 人間には使命があるの？

人それぞれに役目は違うかもしれませんが、何か共通した「人間の使命」はあるのでしょうか。

A

わたしたちが神さまから持たされている使命とは、何だと思いますか？　わたしにとって使命とは、「怒って、泣いて、笑うこと」です。そして毎日、「感動を体験すること」です。

それがわたしたちの共通した魂の使命なのです。一日にできるだけたくさん自分を感動させてあげてください。日常生活の中で感動することがないと感じている人は、目の前にある宝物に気づいていないだけなのです。神さまはいろいろなところにたくさん、あなたを喜ばせるプレゼントを用意してくれています。

あなたが泣いていたら、泣きやむように。あなたが怒っていたら、怒りを鎮められるように。あなたが笑っていたら、もっと笑顔になるように。そういうものをあなたの目の前に置いてくださるのです。まずはそれに気づくこと。あなたが不安になったら、安心させてあげること。それが、わたしたちの使命です。

「わたしのお役目はそんな小さなことではなくて、もっと大きな使命を持って生まれてきているはずだ」と思うかもしれません。自分だけに与えられた使命を知りたいと思っている人もいらっしゃるでしょう。

けれどあなたの使命は、あなたが自分で決めていいのです。神さまは、あなたにこういうことをして生きなさいとは言いません。あなたの使命・役割は、あなたにゆだねられているのです。

Q ソウルメイトはいるの？

見えない糸でつながっているソウルメイトや運命の人はいるのでしょうか。

A

だれもが「運命の人や理想のパートナーに出会いたい」と思っています。そしてツインソウルやソウルメイトという言葉をたよりに相手を探している、という人もいるでしょう。

もし、本当に運命の相手や理想のパートナーに出会いたいのであれば、まずは自分の魂と真摯に向き合ってあげてください。

自分がどういう人生を歩みたいのか、そしてどんなパートナーを望んでいるのかを、魂と向き合いながら探ってほしいと思います。

そうすると、あなたが望んでいる相手や、縁のある魂と自然と出会っていくのです。

わたし自身もソウルメイトという言葉に憧れたときがありました。ずっと孤独でさみしい気持ちがあったからです。結婚して子どもが生まれても、その気持ちは消えませんでした。

けれどわたしの抱えていた孤独とさみしさの根源は、魂の故郷である光の源から分離してしまったことにあったのです。

魂と神さまと一緒にいることを知ってからは、もうその孤独やさみしさはなくなりました。本当の意味でのソウルメイトは自分であり、すべての生命であることにも気づいたのです。

わたしたちはひとつの光の源から生まれたのですから、すべての命がソウルメイトなのです。

ですから、ソウルメイトがあなたを幸せにしてくれるのではなく、あなたが魂と一緒に人生を生きられたときに、あなたは幸せになっていくのです。そして自然と、望むような相手と出会うことになります。

幸せにしてくれる人を求める前に、自分を幸せにできる魂と神さまがあなたの中にいることを、どうぞ思い出してください。

Q 自分を好きになれないときはどうすればいい？

どうしても自己嫌悪してしまい、自分を好きになれません。どうしたらいいのでしょうか。

A

わたしもかつては自分のすべてが嫌いでした。でも振り返ってみれば、だれでも生まれたときは、自分のことを嫌ったりはしていませんよね。子どもは自分のことが大好きで、世界の中心に自分がいると思っています。でも、だんだん成長するにしたがって、自分をほかの人たちと比べはじめます。

すると「なぜ自分にはできないのかな」「自分ってなんてバカなんだろう」と思うようになり、徐々に自分を嫌いになっていきます。周囲のだれもそんなことを言っていなくても、次第に「どうして自分はこんな人間なんだろう」と自己否定感が強まってしまうのです。また、親や周囲の人が劣等感を植えつけてしまうこともあります。

そんな様子を見ていて、神さまはあなたに問いかけています。

「どうすれば、あなたが嫌ってしまった自分自身を好きになれるかな？」と。

神さまはあなたに向かって「あなたが大好きです。あなたを愛しています」と言っています。

「あなたが自分を意地悪だと思っても、あなたが自分をダメだと思っても、わたしが知っているあなたです」と言います。

神さまも魂もあなたを大好きなのだから、あなたが自分を嫌う必要などないのです。

あなたがあなたを大好きになってくださること、それはこの世にあなたを送り出した神さまへの愛の恩返しなのです。

Q 死んだ人を供養しないと悪いことが起こるの？

お葬式や供養をしないと、亡くなった人が成仏できなかったり、よくないことが起きたりするのでしょうか。

A

脳や精神はいろいろな刷り込みをしてきます。たとえば死んだ人の魂に関しても、「ちゃんと供養しないと悪いことが起こる」といった刷り込みを多くの人が持っているのではないでしょうか。

でも本来、魂にとってそのような制約は存在していないのです。魂は供養されようとされまいと、ちゃんと故郷である光の源へと還《かえ》っていきます。

人にはそれぞれに生まれた場所や、国があります。そして供養という形は国によって違います。もしも国や人によって供養の仕方が違うのならば、魂さえも違うものとなってしまいます。けっしてそうではなく、供養という形は魂や亡くなった人のためではなくて、この世に残されたわたしたちが、故人を偲《しの》ぶためにそれぞれの国のやり方で行う儀式なのです。

Q 「過去世」はいまの自分に影響するの？

いまの自分として生まれてくる前、別の人生を生きていたのでしょうか。また、その人生での経験はいまの自分に影響するのでしょうか。

A

自分の過去世を気にする人は多いように思います。また、「過去世の影響があって、いまの人生がうまくいっていないのでは？」と思っている人もいます。

でも、いまのあなたに入っている魂が、過去の人生を繰り返すことはありません。

なぜかといえば、人間が死ぬと、魂は大いなる光の源に戻り、ほかの魂たちとひとつになるからです。

その魂が生まれてくる光の源は、いわば泉みたいなところです。

あるひとつの人生を終えた魂は、そこへ還り、その人生での体験や記憶をすべて光の泉に溶け込ませていきます。

魂は、人生を経験するために一滴のしずくとなって一個一個のコップに入っていきます。この世では別々の肉体に分かれましたが、その泉に戻ればすぐにほかの魂たちと溶け合って、ひとつになります。

ですから個に分離した魂が、そのままの状態で何度も輪廻《りんね》するのではありません。分離と融合を繰り返して輪廻しますので、同じ魂を二度経験する可能性はとても低いのです。

光の源で、あなたというひとつの新しい魂が誕生しました。

その際に、泉に溶け込んでいたいくつかの人生の記憶を、魂が持ったまま生まれてくることはあります。ですがその記憶は、あなたが実際に過去世として体験したのではなく、たまたま魂が全体の記憶の一部を持っていただけなのです。

過去世が現世のあなたに影響を与えることはほとんどない、ということです。魂は人生ごとにまったく新しいものになります。ですから、過去世でどう生きたかにはこだわらなくてもよいのです。

それよりもいま、生きづらさを感じているのであれば、その原因は現世で生きてきた過去にあります。だから過去世にはこだわらず、いまの人生をよりよいものにしていくことだけを考えてください。

Q 魂も心のように病気になる？

うつ病のような心の病《やまい》と魂は関係がありますか。

A

精神（思考・心）が病んでも、魂はピカピカのままです。魂が病気になるということはありません。

うつ病は、とてもつらい病気です。わたしも、うつ病になりかけたことがあります。あまりにつらくて、本当に「死にたい」と思いました。

でもそれは、魂が病んでいるのではなくて脳の病気です。

わたしは「精神＝脳、思考、心」だと思っています。魂とは別のものなのです。魂は肉体ではないので機能不全に陥ったりしません。

一方で、精神＝脳、思考、心はいろいろと機能が滞ってしまいます。うつ病は、必要な脳内物質が分泌されなくなってしまう脳の病気なので、脳の薬を処方されます。

わたしがいちばん驚いたのは、うつ病になると何も感動しなくなることです。それまでは、事あるごとに感動していた美しい空を眺めても、何も感じなくなってしまいます。

そこですぐに魂との絆を深めるようにしました。魂と向き合い、自分の中にあるさまざまな思いのたけを、すべて神さまに聞いてもらったのです。

皆さんも心がつらくなったらがまんせずに、自分の中にある魂に、その苦しみを話してみてください。すると気持ちが楽になります。

魂と神さまは、どんな愚痴や恨み言などを聞かされても、嫌な顔ひとつしません。何を話してもけっしてあなたを嫌ったりしませんから、安心してすべてを話してみてください。

Q 会社に行くのが苦痛なら辞めてもいい？

毎日、会社へ行くのが苦痛です。仕事を辞めたいのですが、収入は必要なので働かなくてはなりません。どうすればいいでしょうか。

A 行きたくないのに出勤するのはつらいですね。わたしにも経験がありますので、その気持ちはよくわかります。

会社へ行きたくない、仕事を辞めたいという場合は、まず、その理由を探ってみてほしいと思います。何がつらくて会社へ行きたくないのか、どうして仕事を辞めたいのかを分析してみてください。

人間関係がうまくいかないのか、上司と合わないのか、仕事の内容を好きになれないのか、何が原因でしょうか。

自分がしたい仕事ではなかったり、思っていた仕事と違っていたりする場合は、辞めてもいいと思います。もっと自分が楽しいと思える仕事や、自分に向いている職業を探すことに積極的でもよいと思うのです。もちろん、新しい就職先を見つけるまでの生活に困らないような準備は整えておく必要があります。

本当につらいのなら、職場から去る決意をしてもよいと思います。その会社にいて、自分の心を傷つけるくらいなら、とどまる必要はありません。

人はジグソーパズルの1ピースだと思います。空いているスペースは、あなたというピースがピッタリと収まるためのスペースですか？　ピースに合っていないスペースに無理に収まろうとしなくてもいいのです。あなたにとってちょうどよいほかのスペースを探しはじめましょう。

Q 家でも会社でも失敗ばかり。どうしたらうまく生きられる？

家でも会社でもがんばっているのに、なぜか失敗ばかりで空回りしてしまいます。どうすればうまく生きられるようになるのでしょうか。

A

「こんなに一生懸命やっているのに、どうしてうまくいかないの？」と思うことってありますよね。

そんなときは、いつもの自分の肉眼で見ている視点を、高く引いて見てください。引いて見るというのは、自分の頭上の空間に視点を移すような感じです。いろいろなことを俯瞰《ふかん》できる「鳥の目」になってみます。

もう一人の自分がそこに立って、自分の肉体や周囲を見下ろしているようなイメージを持ってほしいのです。

少し上のほうから俯瞰して物事を見るようにすると、目の前だけを見ていた狭い視点から、全体を見渡す広い視点に切り替わります。あなたを取り巻く状況を判断したり、今後の展開を考えたりするときは、この俯瞰して見るクセをつけましょう。

高い視点から見下ろすと、それまで悩んだり苦しんだりしていたことが、とてもちっぽけで取るに足らないことに思えてきます。「こうもできるし、ああすることもできる」と、それまでは気づかなかった選択肢が増えていくのです。

もし、何か大事な場面で自分の言葉で説明しなくてはいけなかったり、相手を説得する必要があったり、揉め事を解決しようとしたりする場合は、まず冷静になって深呼吸をしてください。そして、自分が体から抜けて天井のあたりにいるつもりで、物事や状況を俯瞰して見て、それから決定したり発言したりするようにしてください。

Q 神さまから愛されるには？

わたしは欲張りでエゴが強くて、到底、神さまに愛されるとは思えません。神さまから愛されるには善人になる必要がありますか。

A

一般的に、神さまに愛されるのは、良い子ややさしい心の人だけ、と思われています。

ですが、どんなあなたであっても、神さまはあなたを無条件で愛しています。人はだれもが良いところも悪いところも持っています。神さまはそれを全部知っているのです。

だからこそ、あなたはこの世に生まれてきたのです。魂である神さまなしでは、生命は誕生できません。

もし、神さまからの愛を実感したければ、自分の魂を信頼してあげてください。それが、神さまに愛されることであり、自分の願ったことを引き寄せていくことにもなります。

わたしはいつも「やさしいふりも清らかなふりもしなくて大丈夫です。あなたがあなたの魂を理解して安心させてあげるだけで大丈夫です」とお伝えしています。人が神さまに愛されるために必要なことは、魂と深くつながることだけです。

わたしたちは、性格や行いを変えたくてもなかなか変えられません。だから、何度も同じように転んで痛い思いをして、起き上がって、また転んでを繰り返します。

そんな成長できない自分をわたしたちは嫌ってしまい、自己肯定感を持てなかったりします。でも、神さまはそれが当然だということも知っているのです。

だから、失敗しながらも上手に立ち直ることができたあなたを「えらいね。今度は上手にできたね」と言ってほめてくれます。

Q どうしようもなくつらい出来事があったときでも、前向きにならないといけないの？

「いい気分」を保っていれば良いことが引き寄せられてくる、「暗い気持ち」を持っていると悪いことが引き寄せられてくる、と聞いたことがあります。つらい出来事があったときでも、ポジティブにとらえなければならないのでしょうか。

A

わたしは、自分の汚いところもずるいところも全部、神さまに見せるようにしています。「神さま聞いて」と言って、「もうやってられない」とか「もうダメ」とか、洗いざらい聞いてもらっています。

ネガティブな考えはよくない、マイナスの言葉を使ってはいけない、とよく言われますが、それを気にするよりも、神さまに本当の気持ちを見せることのほうが大切です。

そのように話しかけることを続けていると、「そんなことない、大丈夫だよ」「それであなたは何を知ることができたの？　どんな経験をしたの？」「すべてあなたの財産だね」と、神さまはほめてくださいます。そして、自分の気持ちにも変化が現れはじめるのです。

落ち込みたいときは、目いっぱい落ち込んでください。前向きになれないときは、どうぞいつまでも後ろ向きでいてください。恨み節が出てきたら、どうぞ思う存分に言ってください。

そんなことをしても思っても、あなたはいずれ自ずと元に戻れることを神さまは知っています。

魂を意識して生きていると、ずっと後ろ向きではいられなくなるのです。

絶対にもう二度と前向きになれないとあなたが思ったとしても、気づいたら前向きになっています。だから、あなたはあなたのまま、思うとおりでよいのです。

Q 神さまはバチをあてる？

よく子どもに「そんなことをするとバチがあたるよ」と言っています。本当のところはどうなのでしょうか。

A

道徳教育として、そういう教え方が必要だったのだと理解しています。でも実際には、神さまはバチをあてたりはしません。

神社の神様も同じです。

ここで少しその説明をしておきましょう。神社の神様は、光の源から同じように分かれていますが、個体（体）を持たないエネルギーです。

わたしたちとの違いは、物質的な体があるかないかです。その違いによって、神様たちは自由に活動ができます。わたしたち人間とはお役目が違う存在たちだと思ってください。

そうした神様たちは、神社に参拝に来なさい、お賽銭《さいせん》を入れなさい、お酒やお供え物をしなさい、と求めたりしていません。ただ、神様はもともと人間に稲をくださいました。収穫した稲からお酒をつくって、それを神様にお返しするのがそもそものお供えだったのです。もし人間がそうしたことをしなかったとしても、神様は「何かを求める」ということがありませんので、バチをあてたりはしないのです。

そして神様は、「何をお願いしてもらってもいい」と伝えています。ですから、「宝くじを当ててください」「年収を一千万円にしてください」とお願いしても一向にかまいません。

でも、そうやってお願いしたことを神様が聞き入れてくださったときは、だれかに愛情を分けてあげてください。たとえわずかでも、だれかが喜ぶことをするようにしてください。だれかを喜ばせることが、お礼参りをしていることになります。つまりだれかに分け与えるという行為は、神様にお礼を差し上げているのと同じことなのです。

Q 龍、天使、妖精とはどんな存在？

「龍」「龍神」などという言い方を聞くことがありますが、神さまとはどんな関係にあるのでしょうか？　また、「天使」「妖精」についてはどうでしょうか？

A

神社の神様だけでなく、物質的な体を持たないエネルギーの存在は、ほかにも龍、天使、妖精などいろいろといます。わたしは魂の故郷を訪問した際に、天使の姿をはっきりと見ました。家に飾っているまさに置物のような姿をしていましたが、その外見はわたしが生み出した幻想です。本当の姿は、わたしたちと同じように発光した球体です。

体を持たないエネルギーの方々は、わたしたちが見たいように、その姿かたちをつくってくれるサービス精神の持ち主です。やさしいイメージを持っていればそれにふさわしい姿形をとり、畏怖を感じていれば、少し威圧感を感じさせる姿になって現れます。

こうした体のない不思議なものたちと出会うときは、一瞬、時間が止まったかのように感じます。すごく長く感じたりもしますが、たぶん一瞬の出来事なのでしょう。このようにわたしたちの脳裏は、体のないエネルギーを知覚します。「人間の脳裏は、神さまの領域です」と、わたしは言っています。

天使の姿が見えたりするのは、空想や妄想ではなく、神さまの領域で見ているからです。

ここは、姿かたちだけではなくて、神さまが教えてくれるご神託や、チャネリングで受け取った情報が降りてくる場所でもあります。

そしてこの領域に、肉眼には映らないものが見えた瞬間、時間は止まるのです。

こうしたものたちは、あなたが一生懸命に何かをしたとき、目には見えないものを信じられたとき、人知を超えた不思議な力でわたしたちを応援してくれます。

魂と神さまも同じです。あなたが信じさえすれば、時にはミラクルパワーで、あなたの人生を輝かせてくれるのです。

愛するあなたへ　愛するわたしより

あなたがやさしくないと悩んでいるとき、自分に愛がないと悩んでいるとき、
その思いがすでに愛だということに気づいてごらん。

あなたがつらいと、疲れてしまったと嘆いているとき、
あなたがうれしいと、幸せだと喜んでいるとき、
その思いがわたし（愛）だったことを思い出してごらん。

あなたの中の、わたし（愛）という記憶を甦らせてごらん。
いまを生きている愛そのもののあなたは

万物のものであり、すべての記憶であり、尊きものであり
愛しきものである。
その記憶を甦らせてごらん。

いつかあなたに還るとき、
あなたでありわたしであることがすべてわかるけれど、
けれどこの世でいま震えている、たくさんのあなたを見てください。
あなたを忘れて苦しんでいる、たくさんのあなたを感じてください。
そして、あなたは愛そのものだと、どうぞささやいてください。
そして、いまただ在《あ》ることに、そのままでいいと、どうぞほめてください。
たったひと言、ただ在るがままでいいと、そうほめてくれたなら
わたしたちはあなたとして、また、この世を生きてみせるから。

まさよ

魂カウンセラー、魂ナビゲーター。

幼少のころから不思議な体験をしたり、不思議な声を聴いたりして過ごす。ある日、大きな光に包まれる経験をして、視えない世界のしくみを知る。その1年後、不思議な存在に「あなたは人に向き合う仕事をする」と告げられ、仕事環境が一変。パート社員をやめて魂カウンセリングの仕事に就き、東北を中心としたカルチャーセンターにて４年半にわたり「チャネリング＆透視リーディング教室」の講師を務める。著書に『はじめての透視リーディング』『身近な神社が実はすごい！願いが叶う神様参り』『あなたの中の小さな神さまを目覚めさせる本』（以上、永岡書店）、『あなたの願いが必ず叶う「神さま結び」の作り方』(宝島社)など。

https://ameblo.jp/itigomicanuri/

イラスト　サカモトセイジ
デザイン　森 裕昌（森デザイン室）
執筆協力　向 千鶴子
編集担当　八木麻里

あなたの中《なか》に眠《ねむ》る不思議《ふしぎ》な力《ちから》

魂《たましい》のトリセツ

2019年3月22日　初版第1刷発行

著者　まさよ
発行者　小川 淳
発行所　SBクリエイティブ株式会社
〒106-0032 東京都港区六本木2-4-5
電話 03-5549-1201（営業部）
印刷・製本　萩原印刷株式会社

落丁本、乱丁本は小社営業部にてお取り替えいたします。
定価はカバーに記載されております。
本書の内容に関するご質問等は、小社学芸書籍編集部まで書面にてお願いいたします。

ISBN978-4-7973-9987-5